GIORNO2077

Puissant dans l'ombre _ L'Introversion comme Superpouvoir

Comment transformer votre calme en force, réussir sans forcer et être pleinement vous-même

First edition

This book was professionally typeset on Reedsy.
Find out more at reedsy.com

Loi n°49-956 du 16 juillet 1949 sur les publications destinées à la jeunesse.

Édition : BoD · Books on Demand, 31 avenue Saint-Rémy, 57600 Forbach, bod@bod.fr
Impression : Libri Plureos GmbH, Friedensallee 273, 22763 Hamburg (Allemagne)
ISBN : 978-2-3225-7234-2
Dépôt légal : Avril 2025

Contents

1

Introduction : Puissant dans l'ombre

L'introversion est souvent vue comme un problème dans un monde qui valorise les personnes extraverties.

Pendant longtemps, j'ai cru que je devais changer, être plus sociable, parler plus fort. Mais chaque fois que j'essayais, je me sentais vidé, j'avais l'impression de me transformer en quelqu'un que je n'étais pas vraiment. Quelque chose clochait. J'avais besoin de me retrouver seul, de réfléchir, et surtout, de me ressourcer, de recharger ma batterie. Des moments que mon entourage comprenait rarement, interprétant cela comme une forme de rejet. Cette incompréhension me poussait encore plus à m'isoler, parfois même à me sentir mis à l'écart.

On me disait souvent de faire « comme les autres », d'arrêter de « me donner un genre ». Je devais m'adapter à la norme, adopter des comportements contraires à ma véritable nature. Ça me rendait frustré, épuisé. Pourquoi était-ce à moi de m'adapter aux autres, et non l'inverse ? Cette question tournait sans cesse dans ma tête.

2

Jusqu'au jour où j'ai compris que mon calme et ma discrétion étaient en fait des atouts.

2

Mon parcours : douter puis comprendre

Je suis né dans une partie du monde où l'introversion est mal comprise. Si un enfant ne parle pas beaucoup, on le trouve « bizarre », ou on imagine qu'il a forcément un problème ou une maladie. L'extraversion est la norme, c'est ce que tout le monde connaît.

J'ai grandi entouré de plusieurs cousins. Donc techniquement, je n'étais jamais vraiment seul. Pourtant, au fond de moi, je ressentais une solitude profonde que je n'arrivais pas à expliquer. J'avais l'impression de vivre sur une autre planète, comme si j'étais seul sur la lune, loin de tout. Je faisais souvent ce rêve étrange où des extraterrestres venaient enfin sur Terre pour me récupérer, comme pour me ramener là d'où je venais vraiment.

À l'école, au travail, dans mon entourage, on me répétait constamment que je devais être plus ouvert, plus expressif. J'ai essayé de changer… et j'ai échoué. J'ai alors réalisé que je n'avais pas besoin de me forcer à devenir quelqu'un d'autre. Être introverti, ce n'est pas être timide ou manquer de confiance, ni même un défaut comme je l'ai longtemps cru. C'est simplement une autre manière de fonctionner.

3

L'introversion : ce qu'elle est (et ce qu'elle n'est pas).

Être introverti, ce n'est pas détester les gens ou manquer d'assurance. Nous préférons simplement les conversations profondes aux discussions superficielles en grand groupe, et avons besoin de calme pour recharger nos batteries. Ce n'est ni une faiblesse ni un défaut, mais une force lorsqu'on sait comment l'utiliser.

Ce que ce livre va vous apporter

C e livre vous aidera à :

- Tirer parti de votre calme et de votre écoute
- Réussir sans jouer un rôle qui ne vous correspond pas
- Trouver votre place dans un monde bruyant
- Nouer des relations sincères et enrichissantes

L'idée n'est pas de vous changer, mais de vous aider à mieux vous comprendre et à utiliser pleinement votre nature à votre avantage. Vous êtes prêt ? Alors commençons !

5

1. Les bases : introversion, timidité et anxiété sociale – les différences

Beaucoup de gens confondent introversion, timidité et anxiété sociale. Si je devais compter le nombre de fois où j'ai entendu la phrase « ne sois pas timide », je serais sans doute devenu fou depuis longtemps.

L'introversion, c'est simplement un trait de personnalité : on recharge son énergie dans le calme et on préfère les échanges en petit comité. L'image que j'ai en tête, c'est celle d'une bulle autour de moi, dans laquelle je me sens parfaitement en paix, et dans laquelle je choisis qui peut entrer ou non. Être seul ne me dérange absolument pas. Au contraire, c'est souvent dans ces moments-là que je me sens pleinement « moi-même ». Lire, marcher tranquillement, réfléchir sans être dérangé... Ce sont mes moments préférés.

À une époque, j'en étais même arrivé à lancer un chrono sur ma montre avant d'aller à un événement social : mon objectif était clair, y rester le moins longtemps possible ! J'évitais volontaire-

7

ment certains échanges, parce qu'en observant simplement de loin, je devinais déjà que ces discussions interminables allaient vite vider ma batterie pour rien.

La timidité, elle, c'est différent. C'est la peur du jugement ou du rejet dans les interactions sociales. Je savais que je n'étais pas timide, parce qu'une fois que j'acceptais quelqu'un dans ma fameuse « bulle », je n'avais aucun problème à échanger naturellement. En réalité, à force de moins parler et d'observer davantage les autres, j'avais acquis une aisance surprenante dans les conversations individuelles. Très souvent, les gens me disaient avec étonnement : « Mais en fait, tu n'es pas du tout timide ! » ou encore « Je pensais que tu étais froid, mais tu es très sympa en fait ! ». J'avais compris que la timidité n'était vraiment pas ce qui me définissait.

L'anxiété sociale, c'est encore une étape au-dessus. Elle rend les interactions réellement stressantes, difficiles, voire épuisantes. Être introverti ne signifie donc ni être timide, ni anxieux socialement, mais simplement avoir une autre manière, plus calme, plus réfléchie, d'aborder le monde.

6

2. Pourquoi les introvertis sont différents : un regard scientifique.

Après avoir passé des heures à parcourir des dizaines de sites internet et d'articles scientifiques, j'ai enfin compris pourquoi je fonctionnais différemment de la plupart des gens autour de moi. En fait, la différence entre introvertis et extravertis est principalement biologique.

Les introvertis, comme moi, ont un cerveau qui réagit très fortement à la dopamine, cette substance chimique liée au plaisir. Mais du coup, ça signifie aussi que lorsqu'on reçoit trop de stimulation (comme être dans une grande foule, ou devoir parler de sujets qui ne nous intéressent absolument pas), on se sent très vite épuisé, vidé.

On possède aussi un système nerveux qui favorise davantage la réflexion et l'observation avant d'agir. C'est pour ça que face à une nouvelle situation, notre premier réflexe est de prendre du recul, d'observer calmement, plutôt que de foncer tête baissée comme le feraient d'autres.

Quand j'ai compris ça, tout est devenu plus clair. J'ai enfin réalisé pourquoi j'étais souvent fatigué après avoir passé du temps avec beaucoup de monde ou après de longues discussions superficielles. J'ai compris aussi que je n'étais pas « bizarre », comme on me l'avait répété tant de fois depuis ma naissance. Non, j'étais juste différent dans ma façon de percevoir et de ressentir les choses, et ça n'avait absolument rien d'un défaut.

Cette découverte m'a permis de mieux m'accepter et surtout, de mieux utiliser mon énergie dans ce monde si agité. Aujourd'hui, je vois clairement cette différence comme une force, et plus jamais comme une faiblesse.

3. L'art de la solitude : comment elle nourrit les introvertis.

Pendant longtemps, quand je ne me connaissais pas encore assez, je voyais la solitude comme quelque chose de triste, comme un signe d'isolement ou même d'échec social. En réalité, c'était tout l'inverse. La solitude est une ressource précieuse, particulièrement pour un introverti. Elle permet de se recentrer, de traiter calmement toutes les informations qui arrivent à longueur de journée et surtout, de stimuler une créativité incroyable. Je me suis rendu compte que j'étais beaucoup plus efficace, performant et créatif lorsque j'étais seul.

Un souvenir marquant me revient immédiatement : l'anniversaire lors duquel j'ai reçu toute la collection des livres Harry Potter. Je me souviens à quel point j'étais heureux ce jour-là, mais pas seulement parce que j'allais lire ces livres géniaux. J'étais surtout excité à l'idée de passer du temps seul, plongé dans ces univers, en imaginant chaque scène, chaque personnage, chaque aventure. Rien que cette idée me rendait profondément heureux. J'étais impatient d'être seul avec mes pensées, tranquille et totalement libre.

Un autre moment décisif a eu lieu lorsque j'avais 20 ans, à l'école. Du jour au lendemain, je me suis retrouvé séparé de mon groupe d'amis avec qui j'avais passé presque trois ans. Je me retrouvais seul dans cette grande école. Au début, ça m'a énormément perturbé. Je pensais au regard des autres, habitués à me voir toujours entouré. Je me demandais ce qu'ils allaient penser de moi. Peut-être allaient-ils se dire que j'étais bizarre ? Que j'avais forcément fait quelque chose de mal pour finir seul ?

Mais avec le temps, j'ai compris que c'était en réalité l'une des meilleures choses qui me soient arrivées dans ma vie. Pas parce que j'avais du ressentiment envers eux, pas du tout. Mais parce que je venais enfin de prendre conscience de ma propre identité. J'ai compris que je n'étais pas obligé de jouer un rôle pour éviter la solitude. J'ai réalisé que seul, je pouvais avancer mieux, plus vite, et être pleinement moi-même.

La solitude est devenue ma meilleure alliée, celle qui me permet d'être vraiment authentique.

8

4. Les forces cachées des introvertis

L oin d'être un handicap, l'introversion cache des atouts précieux que j'ai découverts au fil du temps, presque par accident. Aujourd'hui, je les vois comme de véritables superpouvoirs.

L'écoute

Les introvertis sont naturellement doués pour écouter. Quitte à ne pas beaucoup parler, autant être une bonne oreille, n'est- ce pas ? C'est exactement ce que je me disais chaque fois que je discutais avec quelqu'un. Étonnamment, il m'est arrivé plusieurs fois que quelqu'un me dise : « J'aime bien discuter avec toi », alors que je n'avais probablement pas prononcé plus d'une dizaine de mots. Je me contentais d'écouter activement et de relancer subtilement la conversation en reprenant une partie de leurs dernières phrases (une vieille technique ancestrale dont j'ai oublié la source). Résultat : les gens se sentent entendus et compris sans que j'aie besoin de beaucoup parler.

L'analyse

Les introvertis préfèrent observer avant d'agir, ce qui évite souvent les erreurs impulsives. C'est justement cette habitude qui fait que mes rares prises de parole sont souvent très écoutées. Je parle tellement peu que quand j'ouvre la bouche, tout le monde se demande immédiatement ce que je vais dire. Au début, ça me mettait la pression, puis j'ai compris que c'était un avantage incroyable : j'ai naturellement capté l'attention des autres sans effort particulier, juste en étant moi-même.

La créativité

La solitude est une immense source de créativité. Enfant déjà, je préférais mille fois rester dans ma chambre à lire plutôt qu'aller courir dehors. J'ai toujours adoré me plonger dans les livres, et je sais que cette habitude m'a offert la créativité que j'ai aujourd'hui. Je pouvais imaginer absolument tout ce que je lisais : me mettre à la place des personnages, inventer des mondes entiers, voyager dans des univers que personne d'autre que moi ne connaissait. À travers mes pensées, je découvrais une liberté infinie.

Le leadership calme

Contrairement aux idées reçues, les introvertis font souvent d'excellents leaders. Ils ne dirigent pas en haussant la voix ou en imposant leurs idées par la force, mais plutôt en donnant l'exemple et en guidant par la réflexion. Personnellement, je n'ai jamais cherché à être leader. Au contraire, je préfère généralement rester en retrait (vous savez pourquoi). Mais

4. LES FORCES CACHÉES DES INTROVERTIS

à plusieurs reprises, devant l'inaction générale, je me suis surpris à prendre les devants pour débloquer une situation. J'ai alors vu mon entourage se fier naturellement à mes décisions, simplement parce que j'avais réfléchi calmement avant d'agir. Cette confiance m'a conforté dans l'idée que l'introversion peut très bien s'accorder avec le leadership, même si c'est un rôle que je n'avais pas imaginé pour moi au départ.

L'introversion n'est donc pas une faiblesse à corriger, mais une force incroyable à exploiter. Dans les chapitres suivants, nous allons explorer ensemble comment utiliser pleinement cette force, sans jamais devoir vous forcer à être quelqu'un d'autre.

9

5. S'affirmer sans jouer un rôle : comment imposer son style
naturellement

S **'affirmer sans jouer un rôle**

S'affirmer, ce n'est pas forcément crier plus fort que les autres, mais c'est exactement ce que la plupart d'entre nous ont appris dès notre enfance. « Parle plus fort ! », « Ouvre- toi davantage ! », « Arrête d'être timide ! »… Combien de fois avons-nous entendu ça ?

Pendant longtemps, j'ai pensé que pour être respecté ou pris au sérieux, je devais jouer un rôle : celui de la personne sociable, bavarde, toujours à l'aise en groupe. Je me forçais à participer à des conversations dans lesquelles je n'avais rien à dire. Je riais même à des blagues pas drôles, juste pour ne pas avoir l'air froid. Mais tu connais déjà le résultat : après chaque interaction, j'étais complètement vidé, épuisé par ce faux personnage que je devais porter toute la journée.

5. S'AFFIRMER SANS JOUER UN RÔLE : COMMENT IMPOSER SON STYLE...

Un jour, j'ai décidé d'arrêter. C'était lors d'une réunion professionnelle importante où tout le monde parlait fort, se coupait la parole, chacun essayant de prendre le dessus. Moi, j'écoutais en silence, avec mes notes sous les yeux. Quand il y a enfin eu un silence, j'ai simplement posé une question précise, calmement, sans hausser le ton. Et là, j'ai vu les regards changer. Ce jour-là, j'ai compris que je pouvais m'affirmer à ma manière, sans avoir à changer de personnalité.

Voici comment tu peux imposer ton style naturellement :

- **Accepte ton rythme** : si tu n'aimes pas intervenir à chaud dans une discussion, prends ton temps. Une parole bien réfléchie aura toujours plus d'impact qu'un flot de paroles improvisées.
- **Exprime-toi de façon claire et simple** : pas besoin de longues phrases compliquées ou d'être très expansif. Quelques mots bien choisis, dits calmement, sont souvent plus puissants.
- **Garde une posture confiante** : regarde les gens dans les yeux, tiens-toi droit, et prends ton temps avant de répondre. Ton langage corporel envoie des signaux bien plus forts que tes mots.
- **Ose dire non** : ne te force jamais à accepter une situation ou une invitation juste pour plaire. Dire non calmement et fermement, c'est affirmer clairement ce que tu veux vraiment.

S'affirmer sans jouer un rôle, c'est finalement s'autoriser à être soi-même. Tu n'as pas besoin d'imiter les autres pour être entendu ou respecté. Ta voix, même calme, compte. Fais-toi

confiance.

10

6. Gérer l'épuisement social : techniques pour recharger son énergie

L'épuisement social, c'est quelque chose que chaque introverti connaît très bien. Tu arrives à une soirée ou à un événement motivé, tu es même content d'y aller, mais une heure plus tard, tu sens déjà ta batterie tomber à zéro. Personnellement, ça m'arrive tout le temps. Et je sais que toi aussi, tu connais cette sensation : celle où ton énergie chute, où tu ne rêves que de retrouver ton canapé et Netflix, alors que tout le monde semble encore prêt à rester des heures.

Je me souviens d'une fête de fin d'année chez un ami. L'ambiance était géniale, vraiment sympa, mais au bout d'un mo- ment, je me sentais complètement vidé. Je voulais partir, mais je culpabilisais à l'idée de passer pour le type bizarre ou associable. Finalement, je suis resté bien trop longtemps, épuisé, à faire semblant de m'amuser. En rentrant chez moi, j'étais non seulement fatigué physiquement, mais aussi frustré d'avoir ignoré mes limites.

C'est ce jour-là que j'ai compris qu'il fallait absolument appren- dre à gérer mon énergie sociale.

Voici comment tu peux recharger ta batterie en tant qu'introverti :

- **Prends des pauses régulières** : si tu es obligé de rester longtemps à un événement, accorde-toi quelques minutes dans un endroit calme. Même aller aux toilettes ou sortir quelques minutes dehors suffit parfois à reprendre son souffle.
- **Fixe tes propres limites à l'avance** : avant même d'aller à un événement, décide de combien de temps tu veux y rester. Quand ton temps est écoulé, tu pars sans culpabilité. Ton énergie est précieuse, respecte-la.
- **Planifie des moments pour toi après les sorties** : per-sonnellement, je me prévois toujours une soirée tranquille après une grosse journée ou une sortie sociale. Un film, un livre, du temps seul, bref, quelque chose qui te permet de recharger à fond.
- **Sois honnête avec ton entourage** : plutôt que d'inventer des excuses ou de fuir discrètement, dis simplement que tu es fatigué. Tu verras que tes amis comprendront souvent beaucoup mieux que tu ne le crois.

Gérer son énergie sociale ne veut pas dire fuir les autres, mais simplement apprendre à prendre soin de soi. En respectant tes limites, tu éviteras l'épuisement et tu profiteras davantage de chaque rencontre.

7. Le charisme des introvertis : comment captiver sans parler trop fort

Quand on pense à une personne charismatique, on imagine souvent quelqu'un qui entre dans une pièce et attire immédiatement l'attention par sa voix forte, son énergie débordante, son aisance à parler. Mais le charisme ne se résume pas à être bruyant.

Prenons l'exemple de Keanu Reeves. Ce type est adoré par des millions de personnes (moi y compris), pourtant, il ne crie jamais pour se faire entendre. Il parle peu, mais chaque mot compte. Son calme, son écoute, sa présence sincère... c'est ça, un charisme introverti.

J'ai moi-même longtemps cru que pour impressionner, il fallait être celui qui parlait le plus. Mais plus je forçais, plus je me sentais faux. Jusqu'au jour où j'ai compris que mon silence, bien utilisé, pouvait être une arme.

Comment avoir du charisme en étant introverti ?

- **Le regard et l'écoute active** : regarder quelqu'un dans les yeux quand il parle, vraiment l'écouter, sans attendre juste son tour pour parler… ça crée une présence magnétique.
- **Parler moins, mais mieux** : plutôt que de remplir l'espace avec du bruit, choisissez vos mots. Les personnes silencieuses intriguent. Quand elles parlent, on les écoute.
- **Maîtriser son langage corporel** : une posture ouverte, un mouvement lent et assuré, une voix posée… tout ça envoie des signaux de confiance.
- **L'aura du mystère** : ne pas tout révéler d'un coup, ne pas chercher à plaire immédiatement, c'est captivant. Les introvertis ont ce pouvoir naturel de créer de la curiosité.

Le charisme n'est pas une question de volume, mais d'intensité. Une présence calme et assurée est bien plus puissante qu'un bavardage incessant.

12

8. Réussir à réseauter et à faire de vraies connexions

L e réseautage. Rien que ce mot peut donner des sueurs froides à un introverti. L'idée de se retrouver dans une salle pleine d'inconnus, de devoir enchaîner les discussions superficielles... ça ressemble plus à un cauchemar qu'à une opportunité.

Je me souviens d'un événement auquel j'étais censé "créer des contacts". Dès mon arrivée, j'ai vu des petits groupes déjà formés, des conversations bruyantes où chacun essayait de se vendre. J'ai pris un verre, fait semblant de m'intéresser à une table remplie de flyers... et après 20 minutes, je voulais disparaître.

Mais ce jour-là, j'ai changé d'approche. Plutôt que d'essayer d'aller vers tout le monde, j'ai observé. J'ai repéré quelqu'un d'aussi mal à l'aise que moi, seul dans un coin. On a commencé à discuter tranquillement, et ce simple échange a débouché sur une vraie connexion, bien plus naturelle que si j'avais essayé de forcer des conversations avec 15 personnes.

Les introvertis n'ont pas besoin de parler à tout le monde. Il suffit de quelques connexions authentiques.

Comment réseauter sans se forcer ?

- **Jouer sur ses forces** : L'écoute et la curiosité sont des atouts puissants. Posez des questions, intéressez-vous sincèrement aux autres et laissez-les parler.
- **Privilégier les petits comités** : plutôt que d'aller à de grands événements, cherchez des rencontres plus intimistes, comme des dîners ou des groupes de discussion.
- **Utiliser le digital** : les e-mails, les messages LinkedIn ou même les forums permettent de créer des liens sans avoir à subir la pression du face-à-face immédiat.
- **Avoir une approche stratégique** : au lieu de tenter de "parler à tout le monde", fixez-vous un objectif simple : échanger avec une ou deux personnes qui vous inspirent réellement.

Le but du réseautage, ce n'est pas d'avoir 200 cartes de visite. C'est de trouver quelques personnes avec qui vous pourrez bâtir des relations solides et durables.

9. Trouver un métier qui respecte votre nature

Quand on est introverti, le choix d'un métier peut devenir un vrai casse-tête. On nous pousse vers des emplois dans lesquels il faut constamment interagir, se vendre, parler en public… mais est-ce vraiment fait pour nous ?

Je me souviens de mon tout premier job dans la vente. À l'entretien, j'avais réussi à donner l'impression que j'étais "sociable", et j'avais décroché le poste. Sauf que dès la première semaine, j'étais vidé. Passer mes journées à parler à des inconnus, à devoir faire du small talk forcé… Une torture. Chaque fin de journée, je rentrais chez moi avec une seule envie : me couper du monde. J'ai tenu quelques mois avant de craquer.

Ce jour-là, j'ai compris une chose essentielle : si un métier vous épuise mentalement au lieu de vous stimuler, ce n'est probablement pas le bon.

Les introvertis excellent dans des professions qui demandent de la concentration, de l'analyse et de la créativité. Écriture, programmation, design, recherche, stratégie… Autant de domaines où la solitude n'est pas un handicap, mais une force.

Mais ça ne veut pas dire qu'on doit forcément fuir les métiers avec des interactions humaines. Certains introvertis sont d'excellents psychologues, enseignants ou même entrepreneurs, parce qu'ils ont appris à gérer leur énergie et à utiliser leur écoute comme un atout. La clé, c'est de trouver un équilibre : un travail qui vous stimule sans vous drainer.

Si vous êtes introverti, ne choisissez pas un métier pour "faire plaisir" aux autres ou parce qu'on vous dit que c'est la norme. Trouvez celui qui respecte votre rythme, votre façon de penser, et qui vous permet d'exploiter vos talents naturels.

14

10. Briller dans un monde qui valorise l'extraversion

Depuis qu'on est enfant, on nous dit qu'il faut être sociable, parler plus, être à l'aise en public… Comme si la valeur d'une personne se mesurait au nombre de mots qu'elle prononce ou à son aisance à prendre la lumière. Mais est-ce vraiment le cas ?

Je me souviens d'une soirée dans laquelle je me suis retrouvé entouré de personnes qui parlaient fort, riaient à plein poumon et semblaient avoir une énergie infinie. Moi, j'étais là, une boisson à la main, me demandant pourquoi je ne ressentais pas le même enthousiasme. Pas que je n'aimais pas les gens, mais simplement, ce genre d'ambiance me vidait plus qu'autre chose. Pendant longtemps, j'ai cru que c'était un problème. Jusqu'à ce que je réalise que j'avais un autre mode de fonctionnement et que ce n'était pas un défaut, juste une différence.

Dans un monde qui valorise ceux qui savent "se vendre", être introverti peut sembler un désavantage. Pourtant, ce sont souvent ceux qui parlent le moins qui marquent le plus les esprits. Un regard assuré, un silence bien placé, une phrase percutante dite au bon moment... Ces détails font parfois plus d'effet qu'un long monologue.

Prenez Steve Jobs. Ce n'était pas le plus charismatique au premier abord, mais quand il parlait, tout le monde écoutait. Pourquoi ? Parce qu'il savait capter l'attention autrement : par sa vision, par son calme, par sa capacité à faire passer un message avec précision.

Être introverti ne veut pas dire être invisible. C'est savoir utiliser son énergie intelligemment. Vous n'avez pas besoin de crier pour être entendu. Vous n'avez pas besoin d'être le plus bruyant pour être respecté. Vous avez juste besoin d'être aligné avec qui vous êtes, et d'utiliser vos forces naturelles à votre avantage.

11. L'entrepreneuriat et l'introversion : un duo gagnant

Quand on pense à un entrepreneur à succès, on imagine souvent une personne charismatique, toujours entourée, à l'aise en public et capable de vendre n'importe quoi à n'importe qui. Mais la réalité est bien plus nuancée. De nombreux entrepreneurs à succès sont en réalité des introvertis.

Prenons l'exemple de Bill Gates. Imaginez un jeune étudiant passionné d'informatique, passant des heures seul devant son écran, obsédé par l'idée de créer quelque chose d'utile. Il n'a jamais eu besoin d'être le plus bruyant dans une pièce pour imposer sa vision. Son succès est venu de sa capacité à se concentrer sur un objectif, à travailler en profondeur et à voir plus loin que les autres.

Peut-être que, vous aussi, vous avez déjà ressenti cette frus- tration face aux normes du monde du travail : les réunions bruyantes où ce sont les plus bavards qui semblent dominer, les entretiens dans lesquels l'on vous demande de vous "vendre" alors que vous avez juste envie de prouver votre valeur par vos actions. En entrepreneuriat, c'est différent. Ce n'est pas celui qui parle le plus qui gagne, mais celui qui comprend le mieux son marché et qui agit avec précision.

Moi-même, lorsque j'ai commencé à réfléchir à mes propres projets, j'ai compris que je n'avais pas besoin d'être un grand orateur hors pair. Ce qui compte, c'est d'avoir une vision claire, de travailler avec discipline et d'utiliser intelligemment ses forces. Vous n'avez pas à vous transformer en show man ou en clown pour réussir. Si vous n'aimez pas trop le réseautage, vous pouvez construire un business qui vous ressemble et vous entourer de personnes qui complètent vos compétences.

La clé ? Faire de votre introversion une force. Plutôt que de foncer tête baissée, prenez le temps de réfléchir. Au lieu de parler en permanence, écoutez, analysez et anticipez. C'est ce qui fait la différence entre ceux qui réussissent sur le long terme et ceux qui s'épuisent à trop vouloir en faire.

12. Le pouvoir du silence : négociation, persuasion et impact

J'ai toujours trouvé fascinant de voir à quel point les gens sous-estiment le silence. Pourtant, dans une discussion ou une négociation, celui qui sait écouter et attendre son moment a souvent le dessus.

Je me souviens d'un entretien que j'ai passé il y a quelques années. L'autre personne parlait beaucoup, essayant de me mettre la pression pour que je prenne une décision rapide. Plutôt que de répondre immédiatement, j'ai simplement marqué un silence, pris quelques secondes pour réfléchir, puis posé une question très précise. Son attitude a immédiatement changé. Pourquoi ? Parce que dans un monde dans lequel tout le monde veut parler, celui qui sait se taire et observer impose naturellement le respect.

En négociation, c'est pareil. Imaginez une réunion à laquelle quelqu'un essaie de vous convaincre d'accepter une offre qui ne vous arrange pas. Plutôt que de vous justifier immédiatement, essayez cette approche : écoutez attentivement, ne répondez pas tout de suite, puis posez une question qui oblige l'autre à clarifier son point de vue. Vous verrez que le simple fait de ralentir le rythme change totalement la dynamique.

L'introverti ne cherche pas à impressionner par la quantité de ses mots, mais par sa justesse. Un discours bien construit, une phrase dite au bon moment, un regard assuré… Tout cela a plus de poids qu'un flot de paroles inutiles.

Si vous êtes du genre à éviter les conflits ou à vous sentir mal à l'aise dans les discussions tendues, rappelez-vous ceci : vous n'avez pas besoin de parler plus fort pour être écouté. Votre force est ailleurs : dans votre capacité à observer, à comprendre et à choisir le moment parfait pour intervenir.

C'est ainsi que l'on crée un véritable impact.

17

Conclusion : accepter son introversion et en faire une force

Pendant longtemps, j'ai cru que pour réussir, il fallait être plus extraverti, plus bruyant, plus sociable. Mais j'ai compris qu'on ne gagne jamais à aller contre sa nature. L'introversion n'est ni un défaut ni une faiblesse, c'est une manière différente d'aborder le monde, avec ses propres avantages.

Les introvertis ont une capacité unique à observer, à analyser et à créer en profondeur. Ils écoutent mieux, réfléchissent plus avant d'agir et possèdent une énergie plus stable sur le long terme. Que ce soit dans les relations, le travail ou l'entrepreneuriat, ces qualités font la différence.

Alors, plutôt que d'essayer d'être quelqu'un que vous n'êtes pas, apprenez à exploiter vos forces naturelles. Vous n'avez pas besoin de parler plus fort pour être entendu. Vous n'avez pas besoin d'être le plus sociable pour être apprécié. Trouvez votre propre façon d'évoluer dans ce monde bruyant, et vous verrez que l'introversion, loin d'être un frein, peut devenir un véritable superpouvoir.

Si vous avez aimé ce livre, cela signifierait beaucoup pour moi si vous pouviez laisser une critique sur Amazon. J'aimerais beaucoup avoir vos avis.

Je vous remercie de m'avoir lu et vous souhaite le meilleur.

Giorno